4 Février 1906

marqué P

VENTE

HOTEL DROUOT — SALLE N° 1

Les Lundi 5 et Mardi 6 Février 1906

A 2 HEURES 1/2

MOBILIER ARTISTIQUE

TABLEAUX, SCULPTURES

BRONZES DE BARBEDIENNE

Tapisseries. Tentures

appartenant à M. V...

et garnissant son hôtel

Mᵉ F. LAIR-DUBREUIL	M. Arthur BLOCHE
COMMISSAIRE-PRISEUR	EXPERT PRÈS LA COUR D'APPEL
6, Rue de Hanovre, 6	51, Rue Saint-Georges, 51

EXPOSITION PUBLIQUE

Le Dimanche 4 Février 1906, de 2 heures à 5 heures 1/2

EXEMPLAIRE DE H. STETTINER

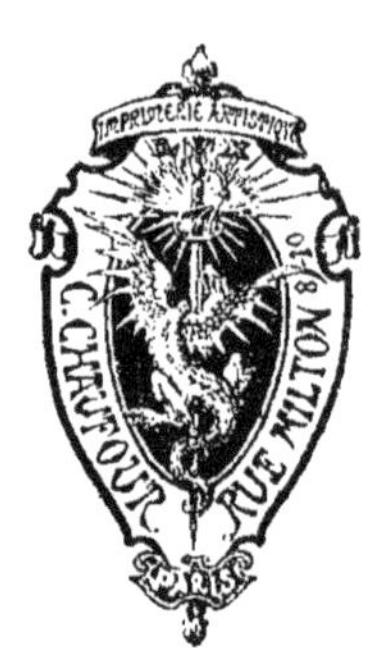

CATALOGUE

DU

MOBILIER ARTISTIQUE

CATALOGUE

DU

Mobilier Artistique

de Styles Renaissance et Louis XVI

TABLEAUX

Grand Groupe en marbre de ROMANELLI

Sculptures, Porcelaines, Faïences, Fers forgés

BRONZES DE BARBEDIENNE

Œuvres d'ANTONIN MERCIÉ, de CARPEAUX et de KLEY

TAPISSERIES, TENTURES. TAPIS D'ORIENT

appartenant à M. V⋯

garnissant son hôtel

ET DONT LA VENTE AURA LIEU

HOTEL DROUOT — SALLE N° 1

Les Lundi 5 et Mardi 6 Février 1906

A 2 HEURES 1/2

Mᵉ F. LAIR-DUBREUIL	**M. Arthur BLOCHE**
COMMISSAIRE-PRISEUR	EXPERT PRÈS LA COUR D'APPEL
6, *Rue de Hanovre*, 6	51, *Rue Saint-Georges*, 51

Chez lesquels se distribue le présent Catalogue

EXPOSITION PUBLIQUE

Le Dimanche 4 Février 1906, de 2 heures à 5 h. 1/2

CONDITIONS DE LA VENTE

La vente sera faite au comptant.

Les acquéreurs payeront *dix pour cent* en sus des enchères.

L'exposition permettant au public de se rendre compte de l'état et de la nature des objets, il ne sera admis aucune réclamation une fois l'adjudication prononcée.

DESIGNATION

—

1 — Grand bureau à contours en bois rose et filets de marqueterie, richement garni de bronzes montants à cariatides de Minerve, moulures feuillagées encadrant les contours du bandeau ; bas-reliefs à têtes de femmes dans des cartouches coquillés décorant le milieu des extrémités. Style Régence.

1.180

2 — Meuble en bois sculpté, le corps du bas ouvrant à deux portes représentant des enfants et des guerriers, montants à cariatides gaînées. Le corps du haut isolé, avec figurines et groupes supportant le fronton, s'ouvre à deux portes représentant en bas-relief des sujets allégoriques. Style Renaissance flamande.

1.100

3 — Ameublement de salle à manger en bois sculpté de style XVIᵉ siècle composé :

1º de deux dressoirs, d'aspect architectural, décor à ogives, voiles et draperies, avec frontons à

865

voussures; 2° une table rectangulaire avec piétement à colonnettes; 3° douze chaises, dossiers à frontons, têtes de lions, couvertes en cuir brun.

4 – Servante en palissandre sculpté et ciré.

5 — Grand bureau plat en bois d'acajou, les pieds ornés de cariatides de femmes, les bandeaux ornés d'appliques en bronze doré, époque Premier Empire. (*Ce bureau aurait appartenu au duc de Cambacérès*).

6 — Bibliothèque à deux portes en bois d'acajou orné de bronzes. Style Premier Empire.

7 — Ameublement de chambre à coucher en bois de palissandre sculpté, de style Louis XVI, composé d'un grand lit de milieu avec sommier, une armoire à trois portes garnies de glaces biseautées, un secrétaire chiffonnier et une table de nuit.

8 — Ameublement de chambre à coucher en palissandre ciré et sculpté, style Louis XVI, composé d'un lit d'une personne, une armoire à glace biseautée et une table de nuit chiffonnière.

9 — Table de chevet en bois sculpté. Style Renaissance.

10 — Lit de milieu en bois sculpté, le fond à colonnes détachées, Style XVIe siècle.

11 — Lit de milieu en bois sculpté peint en blanc. Style Louis XVI.

12 — Table de nuit de même style.

13 — Grande armoire à deux portes en palissandre.

14 — Grande armoire à deux portes en noyer.

15 — Grande bibliothèque à hauteur d'appui en bois noir sculpté, ouvrant à sept portes garnies de glaces.

16 — Porte-manteaux en chêne sculpté orné d'une figure d'enfant et d'une plaque en faïence armoriée.

17 — Porte-manteaux en bois sculpté. Style Renaissance.

18 — Table octogonale en bois sculpté, piétement style gothique.

19 — Piano à queue d'Erard en palissandre incrusté de filets de cuivre.

20 — Casier à musique à étagères en bois de palissandre.

21 — Billard en palissandre, de WILLIAM SAINT-MARTIN à bandes américaines, avec les queues, porte-queues, etc.

22 — Jardinière à deux compartiments en noyer ciré forme rectangulaire.

23 — Deux bacs en bois sculpté rehaussé d'or à consoles et tores de lauriers.

24 — Coffret à bijoux en bois d'ébène incrusté d'ivoire, orné aux angles de cariatides de femmes. Style Renaissance.

25 — Coffre en bois sculpté offrant sur la façade des figures, des animaux et des arabesques. Style Renaissance.

26 — Colonnette-support en bois noir.

27 — Glace avec cadre doré de style Louis XVI.

28 — Table à jeu en acajou sculpté.

29 — Très grand bureau carré, forme ministre sur les quatre faces, dessus en drap rouge.

30 — Grand guéridon en acajou, avec piétement sculpté.

31 — Table bureau en bois noir.

32 — Table en bois noir, forme rectangulaire, ornée de peintures dans le goût égyptien.

33 — Table en peluche avec tablette de glace. De la Maison KRIÉGER.

34 — Petite table pliante en bois noir et thuya.

35 — Petite table couverte en peluche et broderie.

36 — Table à volets en palissandre et marqueterie avec moulures de cuivre.

37 — Table en bois sculpté peint en blanc, forme rectangulaire. Style Louis XVI.

38 — Lit en cuivre.

39 — Table ronde en onyx montée en bronze ciselé et doré.

39 *bis* — Sous ce numéro seront vendus des meubles de service de domestique et de cuisine.

SIÈGES

40 — Grande stalle à trois places en bois sculpté, offrant au dossier des médaillons à têtes d'hommes, au centre un écusson fleurdelisé; le bas à décor au voile, le fronton à voussure, dessin ajouré, style gothique fleuronné. Ce meuble forme coffre.

41 — Deux stalles en bois sculpté à une place, de style gothique offrant aux dossiers des médaillons à têtes d'hommes, le fronton ajouré, le bas à dessin au voile, formant coffres.

42 — Ameublement de salon style Renaissance, composé d'un canapé, deux fauteuils et deux chaises en bois noir sculpté, dessin raphaélesque, dossiers à frontons ornés d'incrustations de marbre rouge, couverts en satin rouge avec riches applications de broderies anciennes, à gerbes de fleurs et rinceaux en soie.

43 — Ameublement de cabinet de travail composé d'un canapé et quatre fauteuils en noyer sculpté, les bras ornés de masques fabuleux, fronton des dossiers ajourés, dessin à arabesques avec médaillons à têtes d'hommes casqués, couverts en cuir brun. Style Renaissance.

44 — Grand fauteuil à oreillons, dossier à fronton en noyer sculpté, à écusson porté par des cariatides de femmes, couvert en satin jaune broché à armoirie. Style Renaissance.

45 — Deux fauteuils et deux chaises entièrement recouverts de velours rouge garnis de franges de soie. Style Renaissance. De la maison KRIÉGER.

46 — Deux canapés et deux fauteuils en noyer sculpté, bras à têtes de béliers, couverts en panne verte avec application de style Renaissance. De la maison KRIÉGER.

47 — Petite chaise longue couverte en ancienne tapisserie de la Renaissance, représentant le Char de la Renommée, une figure allégorique de Cérès au milieu de fruits et de feuillages, montée sur fond de peluche rouge, bois de noyer sculpté à coquilles et enroulements.

48 — Deux tabourets supports en bois sculpté, dessins à mascarons, dragons et guirlandes. Style Renaissance.

49 — Grand fauteuil et chaise forme portugaise, en noyer sculpté, accotoirs à têtes de béliers, couverts en cuir à fond d'or, dessin repoussé à médaillons, figures d'enfants et ornements de style Renaissance.

5o — Canapé en noyer sculpté, fronton ajouré, recouvert de cuir.

5 1 — Fauteuil de même style.

52 — Grand canapé, trois fauteuils et une chaise en bois sculpté, couverts en cuir brun.

53 — Fauteuil en noyer à dossier carré, couvert en cuir gravé. Style XVIe siècle.

54 — Tabouret forme X en noyer avec coussin adhérent en velours rouge et jaune épinglé. De la maison KRIÉGER.

55 — Chaise longue et fauteuils couverts en satin rouge avec rampes de peluche bleue.

56 — Quatre chaises en bois doré couvertes en satin broché.

57 — Banquettes de billard en noyer sculpté, accotoirs à masques d'hommes, fronton du dossier ajouré, couvertes en cuir vert.

58 — Chaise fumeuse en bois noir recouverte de drap et applications.

5g — Tabouret en bois noir et peint recouvert d'étoffe orientale.

6o — Pouf recouvert de Karamanie.

61 — Fauteuil en bois noir garni en cuir vert.

62 — Canapé recouvert en étoffe de fantaisie.

63 — Siège forme X en noyer avec coussin et accotoirs en peluche rouge.

64 — Deux chaises en acajou couvertes en cuir vert.

65 — Quatre chaises en bois noir ornées de peintures.

BRONZES, FERS FORGES

66-67 — Deux statues en bronze : Henri III et Henri IV enfants, d'après Bozio, sur gaînes en chêne sculpté.

68 — Groupe en bronze : *Gloria Victis*, d'Antonin Mercié, édition de Barbedienne, sur colonne support en noyer ciré à plinthe tournante.

69 — Statuette en bronze : la Diane de Gabie, édition de Martin.

70 — Statuette bronze vert : Mercure assis.

71 — Groupe en bronze : Vénus et l'Amour.

72 — Petite chèvre en bronze, de Kley, socle en marbre.

73 — Buste en bronze : le Petit Napolitain, de Carpeaux.

74 — Grande suspension à une lampe et vingt-cinq bougies en bronze ciselé et doré au mat, d'aspect monumental, offrant entre chaque bouquet de lumières des figurines allégoriques, style Renaissance, de la maison Barbedienne. Cette pièce est unique et n'a jamais été reproduite.

75 — Deux torchères à quinze lumières en bronze ciselé et doré, modèle à colonnettes ornées de fleurs et de draperies et autour desquelles monte un amour avec une torche à la main ; montées sur socle en marbre rouge griotte. Style Renaissance. Travail de BARBEDIENNE.

76 — Applique à cinq lumières en bronze doré, dessin à guirlandes de fleurs et de fruits, les bras ornés de feuillages. Style Renaissance, de BARBEDIENNE.

77 — Paire d'appliques à trois lumières en bronze doré, même modèle que la précédente, de BARBEDIENNE.

78 — Deux lampadaires en bronze poli et doré, supportés par des accouplements de trois cariatides de femmes.

79 — Lampe sur support adhérent en bronze nickelé et argenté, modèle à têtes d'éléphants.

80 — Grand lustre à dix-huit lumières en fer noirci et doré avec longue chaine d'enfilage et couronne à feuillages. Style Renaissance.

81 — Quatre lustres à cinq lumières en fer forgé De Disclyn et Linn, disposés pour le gaz.

82 — Lustre à six lumières forme jardinière en verre rouge monté en bronze.

83 — Appareil d'éclairage de billard en bronze, dessin à ornements et animaux.

84 — Belle garniture de table ou de cheminée en bronze ciselé et doré à écusson, guirlandes de fleurs et arabesques, composée d'une jardinière ovale et de deux girandoles à huit lumières style Renaissance. Travail de BARBEDIENNE.

85 — Pendule et deux candélabres en marbre noir et bronze, avec sujet allégorique à la Musique.

86 — Deux flambeaux : Griffons, en cuivre.

87 — Paire de grands chenêts en bronze à figures de guerriers sur motifs de soubassement ornés de cariatides et de figurines d'amours. Style Renaissance.

88 — Deux grands landiers en fer forgé avec potences et chaîne d'attache. Style Renaissance.

89 — Flambeau en bronze avec dragon enroulé.

90 — Deux petites coupes en bronze, décor à figures d'amours et feuillages.

91 — Jardinière rectangulaire en bronze de Chine.

92 — Encrier en bronze. Style Louis XV.

93 — Brûle-parfums forme éléphant en bronze du Japon.

94 — Brûle-parfums en bronze japonais gravé et
ajouré avec couvercle à chimère.

94 *bis* — Autres brûle-parfums en bronzes japonais.

95 — Deux vases en bronze japonais, décor oiseaux
et branchages en bas-relief, gorge ajourée.

96 — Deux petits vases en bronze, décor à feuillages.

97 — Porte-chandelle en fer. Style Renaissance.

MARBRES, TERRES CUITES

850 98 — Grand groupe de deux enfants en marbre blanc, de ROMANELLI, sur gaîne en marbre blanc et de couleur.

220 99 — Buste d'homme en marbre : Jean-Jacques Rousseau, d'après HOUDON, provenant de la collection BARBEDIENNE.

300 100 — Statuette en marbre : Le Messager d'amour, de NICOLI.

101 — Statuette de femme couchée en marbre blanc, sur socle en marbre portor.

102 — Buste d'enfant en marbre.

103 — Buste en terre cuite : Souvenir, de PAUL DUFOUR.

104 — Colonne en marbre gris et marbre blanc.

105 — Deux colonnes en marbre fleur de pêcher.

106 — Deux statuettes de femmes en prière, en terre cuite et peinte.

107 — Jardinière en terre cuite avec figurine d'amour en bronze doré.

108 — Figurine terre cuite, genre Tanagra.

PORCELAINES, FAIENCES

109 — Paire de grands vases de style Louis XVI en porcelaine pâte tendre, décor à sujets allégoriques à la Peinture et la Musique, signés BUDNICOURT; les cols et les pieds fond bleu turquoise à rehauts d'or, anses et socles en bronze doré.

110 — Paire de lampes en faïence forme cylindrique décor à fleurs, monture bronze. Style chinois.

111 — Paire de vases de Satsuma, décor à personnages.

112 — Brûle-parfums en poterie de Satsuma, décor à personnages, anses et couvercle à chimères.

113 — Flacon carré de Chine, décor à personnages sur fond rouge.

114 — Pichet en vieux Rouen, décor à branchages en bleu.

115 — Pichet de Nevers, décor : cavalier et fleurs.

116 — Vase à tabac, de Nevers, avec inscription et date 1790.

117 — Deux salières forme femmes en faïence de Nevers.

118 à 124 — Douze plats, assiettes et coupes en faïences italiennes, hispano-arabe et françaises, à décors variés.

125 — Vase en faience, décor en relief, têtes de femme et fleurs de lys, avec anses à cornes d'abondance.

126 — Vase en poterie de Lachenal, décor nénuphar et libellule.

127 — Diverses pièces de faïences et porcelaines.

OBJETS VARIÉS .

128 — Jardinière en étain formant milieu de table, forme ovale, dessin à médaillons, encadrement à feuilles de choux.

129 — Jardinière en étain, forme à contours, ornée de fruits et de feuillages, encadrements à feuilles de choux.

130 — Petit bas-relief en albâtre : l'Enlèvement, de GUEYTON.

131 — Miroir avec cadre en métal argenté à chevalet.

132 — Six plats en émail cloisonné du Japon, à décors variés.

133 — Trois grands plats en émail cloisonné du Japon, décorés d'ibis dans des paysages fond bleu turquoise.

134 — Service de fumeur en cuivre poli, dessin vannerie.

135 — Deux groupes en bois sculpté, peint et doré par parties, représentant des personnages de l'Orient grandeur nature entre des griffons ailés portant sur leurs têtes des jardinières.

136 — Deux statues en bois sculpé Nonnes et Car-
dinal debout. XVIIe siècle.

137 — Gobelet en cuivre laqué de Caranza.

138 — Aiguière en ancien émail cloisonné du Japon
fond vert, dessin à chimère.

139 — Deux vases cylindriques en bois, ivoire et
nacre sculptés représentant en bas-relief des personnages dans des paysages. Travail japonais.

140 — Porte-bouquet en cristal gravé monté sur une
coupe en bronze ciselé à motifs dans le goût de
de la Renaissance.

141 — Hanap en corne et os, monture en argent.

142 — Croix en bois appliqué de nacre.

143 — Cassette en fer.

144 — Deux réchauds avec cloches en plaqué.

145 — Diverses pièces de services de table en plaqué
et argenture.

145 *bis* — Sabre japonais, fourreau en ivoire sculpté,
décor à personnages.

TABLEAUX, DESSINS

CHAMPAIGNE (Attribué à Philippe de)

146 — La naissance d'Achille et l'éducation d'Achille.

> Deux importantes compositions de nombreux personnages, ayant fait partie de la collection du général Hulin.

DELORT (Valentine)

147 — Paysage.

> Fusain.

DIAZ (Genre de)

148 — Femmes orientales réunies dans un parc.

DIETRICH (Attribué à)

149 — La Danse.

> Composition de nombreux personnages de la Comédie italienne dans un palais.

FORESTIER

150 — Marine.

GRÉTOR (WILLY)

151 — « Au moment de partir ».

> Portrait de jeune femme grandeur nature, se faisant
> jeter son manteau sur les épaules.
> Signé et daté 1894.

GUDIN (HENRIETTE)

152 — Marines.

> Deux petits tableaux se faisant pendants.

LEFEBVRE (JULES)

153 — Baigneuse endormie.

> Eau-forte.

MARRET

154 — Bords de rivière.

> Fusain.

TAPISSERIES

TENTURES — TAPIS

155 — Tapisserie dite verdure, paysage boisé avec vue de château, animé de volatiles, bordure à arabesques d'ornements fleuris avec écusson central. XVIIIe siècle. Elle forme tenture flottante et est doublée en velours de lin bleu.

156 — Décor de croisée forme cantonnière en peluche rouge richement ornée d'applications, dessin à grands rinceaux, vases fleuris, arabesques de fleurs et de feuillages, en soie et satin de différentes nuances.

157 — Grande cantonnière décorant une large baie en peluche rouge ornée de broderies et d'applications en soie et satin, dessin à vases fleuris, rinceaux et guirlandes.

158 — Deux cantonnières moins grandes en peluche rouge ornée d'applications et de broderies de même style.

159 — Décors de lit et de croisée en satin rouge et peluche bleue, composés de grands rideaux avec cantonnières et draperies

160 — Portière de Karamanie.

161 — Carpette d'Orient, fond rouge, bordures mul-
tiples à dessin polychrome.

162 — Trois grands tapis fond rouge à dessins, ton
sur ton, lions et fleurs, couvrant la salle à manger, le cabinet de travail et le fumoir.

163-164 — Deux tapis chemins d'Orient, fond clair,
petit dessin polychrome.

165-166 — Deux tapis chemins d'Orient, dessin à
rayures.

167-168 — Deux tapis chemins d'Orient, dessin polychrome.

169 — Grand tapis de Smyrne, fond bleu pâle et
rose à dessin polychrome.

Long. : 4 m. 3o; larg. : 3 m.

170 — Tapis de Smyrne, fond blanc à bordure fond
rouge, dessin multicolore.

Long. : 3 m. 3o; larg. 2 m. 6o.

171 — Tapis Kazack fond bleu à rosaces poly-
chromes.

Long. ; 2 m. 70; larg. : 1 m. 20.

172 — Petit tapis de Boukara, tissu velouté, fond rouge, dessin ton et bleu et blanc.

Long. : 1 m. 70 ; larg. : 1 m.

173 — Tapis d'Orient fond bleu à dessin polychrome bordure fond rouge.

Long. : 2 m. 5o ; larg. 1 m. 10.

174 — Tapis persan fond rouge à petits dessins poly-chromes.

Long. : 2 m. 70. ; larg. : 1 m. 5o.

175 — Tapis chemin tour de billard fond clair à dessins et bordure jaune.

Long. : 11 m. 6o ; larg. : o m. 8o.

176 — Petit tapis d'Orient, fond bleu, dessin poly-chrome.

177 — Deux coussins en point de Hongrie.

178 — Dessus de piano en soie brodée.

179 — Paire de rideaux en velours mousse, bordure en velours rouge rehaussés de broderie vieil or. Style Renaissance.

180 — Divers tapis en moquette de fantaisie.

PARIS. — IMPRIMERIE C. CHAUFOUR
8-10, Rue Milton

9 782329 543888